풍경은 거울이다

조수형 詩人

自序

내가 과연 '시'라는 것을 쓸 수가 있을까?
시를 써보라며 권유하고 격려해 주시는 분들의 감사함으로 시를 쓰기 시작하며 피폐된 시선을 교정해 왔다.

계절이 어찌 봄만 싱그럽고 가을만 사색에 젖게 하겠는가. 염천의 더위와 온 몸이 덜덜 떨리는 겨울에도 사색을 하고 아름다움을 발견할 수 있지 않겠는가.

공부하는 시가 아닌 읽히는 시를 쓰고 싶었다.
어려운 단어들을 알지도 못하지만 가급적 쓰고 싶지 않았고 누구의 가슴에 닿아지길 원했다. 지나친 바람일지는 몰라도…
어느덧 시간도 흐르고 시도 모여져 '시집'이 되어있다. 놀랍고 감사할 일이다. 풍경들 속에 숨겨진 말들을 찾아 빼곡히 적으려 했다. 앞으로도 그들이 내게 이야기 하는 것들을 잘 찾아야 할 텐데— 걱정이 앞서기도 한다.

우리의 일상적 말들이 시가 되고 시조가 되고 가슴에서 가슴으로 전해지길 바라며 계속 시를 쓰게 될 것 같다.

지난 경험과 가난이 사색의 시간으로 피어나게 하신 주님께 감사드리며 여기까지 오게 해준 모든 분들께도 그저 감사할 뿐이다.

조수형 記

푸른 지느러미의 遊泳

 조수형의 詩集 「풍경은 거울이다」가 출판된다. 얼마나 아련한 기억들의 은유적 서사인가. 가끔 필자도 저자의 내밀한 시의 저잣거리를 쏘다녀보기도 한다.

 그의 시들은 잊혀진 그러나 지워지지 않은 거울 같은 뻔한 아픔들이다. 그의 내면을 받쳐주는 자유로운 풍경이다. 그의 시에서 보이듯이 盤松에 대한 이야기가 아기자기하게 펼쳐져 있는 풍경이다.

> 풍경이 거울인 줄 알았다
> 그때 그 시절에 그랬다
>
> 바람이 울리는 종이란 걸 알았을 때
> 머리는 곤두서고 심장은 내려앉았다
>
>   -中略-
>
> 언제 그랬냐며 점잔을 빼며
> 다소곳이 풍경을 매만진다
> 제 모습이 풍경에 다 들킴을
> 바람은 알기 때문이라'
>   -조수형의 시 "풍경은 거울이다" 中에서

 그의 풍경은 "머리는 곤두서고 심장은 내려앉는" 시절을 지나 "바람이 비추는 거울이었다/그것을 알았을 때/구름 속에 있고 별 위에 있던 내 모습"을 찾게 되며 더 나아가 "이제는 바람도 잠잠"한 고요를 풍경으로 끌어들인다. 그리고 "다소곳이 풍경을 매만진다/제 모습이 풍경에 다 들킴을/바람은 알기 때문이라"며 그의 삶의 행간을 다독인다.

이렇듯 그의 풍경은 그가 그의 시의 행간을 헹궈내듯이 그가 삶의 광산에서 채굴하여 채집해 낸 아득한 곳의 기억의 창고에 존재하는 것이다.

조수형의 시가 호주 한국전쟁 기념관, 미국 아칸소주 한국전쟁 기념관에 교육자료로 등재되어 있는데 그 작품은 싱가폴 시인 Desmond Kon의 시를 개작한 것이다. 이 시는 Desmond Kon의 시적 정서에 한민족의 한과 그리움을 아기자기한 이야기가 들려오듯이 깊게 투사하였다.

> 어린아이가 문지방을 넘듯
> 삐걱거리는 마루
> 여름에 서리 내린 듯 을씨년스러운 한옥마을
>
> 단청은 수많은 조각으로 붉게 연이어지고
> 겨울처럼 황갈색에 잠겨가는 쓸쓸함은
> 재를 털듯 풍경만 흔든다
>
> 대검에 모습 살피는 늙은 병사처럼
> 황량한 바람 스치는 지붕은
> 휘어진 채 윙윙 울고
>   -조수형의 개작 시 "두 빌리넬의 38선" 中에서

첫 시집에 참여한 조수형의 시들은 아픔과 그리움의 푸른 지느러미들을 달고 과거와 현재와 미래의 문지방을 넘나들며 역사의 행간을 遊泳하고 있다.

- 朴仁果 文學評論家

풍경은 거울이다 조수형 제1시집

제1부 *풍경은 거울이다*

1. 소나기   23
2. 화원 앞   24
3. 봄/時調   25/26
4. 벚꽃이야기/時調   27/28
5. 착시   29
6. 비   30
7. 추(秋)1   31
8. 추(秋)2   32
9. 기다림   33
10. 풍경은 거울이다/時調   34/35
11. 미안해   36
12. 닮았다   37
13. 비 내릴 때   38
14. 백발 구름   39
15. 빛이여   40
16. 숲을 걷다   41
17. 민들레   42

조수형 제1시집 **풍경은 거울이다**

제2부 *어머니의 베갯잇*

1. 대지(大地)의 호명(呼名) 45
2. 설레임 46
3. 어머니가 더 아프다/時調 47/48
4. 임종/時調 49/51
5. 가장 비싼 옷/時調 52/53
6. 생일 54
7. 오월 55
8. 나는 날고 싶다 56
9. 사랑하지 못한 죄 57
10. 다 하지 못한 말 58
11. 변신(變身)/時調 59/60
12. 조용한 이들 61
13. 여름 62
14. 염치 63
15. 실망하지마 64
16. 씨알 65
17. 산다는 거/時調 66/67
18. 각성우(覺醒雨) 68
19. 망향가/時調 69/71
20. 축축한 날 72

풍경은 거울이다 조수형 제1시집

제3부 *경계를 배우다*

1. 별리   75
2. 떠나는 비   76
3. 경계를 배우다(진눈깨비)   77
4. 두고 온 박씨   78
5. 사라진 그 시절   81
6. 길 위   82
7. 남자라서   83
8. 대붕의 벼리   84
9. 소리쳐   85
10. 행복한 소원(지적 장애우 가족에게 올립니다)   86
11. 추억이라 않으리   87
12. 혀 끝에 느끼고 싶어   88
13. 그날 밤   89
14. 꿈결로 가는 운전수   90
15. 하나의 겨레   91
16. 질주하지 마라   92
17. 상고내(上古代)   93
18. 타이밍   94
19. 칠월   95
20. 상심(傷心)   96

조수형 제1시집 **풍경은 거울이다**

제4부 *사랑을 가두다*

1. 장미에게 가는 길 99
2. 돌아오라/時調 100/101
3. 손톱 102
4. 시안의 눈 104
5. 이런 여인 105
6. 보리라/時調 107/108
7. 생일 날 여자 109
8. 생일 날 남자 110/111
9. 꽃 중의 꽃 112
10. 첫 키스/時調 113/114
11. 누가 115
12. 봄맞이 116
13. 너희를 증오한다/時調 117/118
14. 벚꽃 119
15. 사랑을 가두다 120
16. 결혼 121
17. 옛사랑 122

풍경은 거울이다 조수형 제1시집

제5부 *오추마처럼 휘날리며*

1. 잠도 오지 않는 밤에 125
2. 베토벤 심포니 126
3. 별빛 찾는 밤 127
4. 유년 기행 128
5. 석별/時調 129/130
6. 뻥이요/時調 132/133
7. 귀애 134
8. 홀로 걷는 길 135
9. 어둠을 떠나다 136
10. 좋은 소리 137
11. 귀로(歸路) 138
12. 송하(送夏) 139
13. 눈이 죽다 140
14. 이제 그만(자살하는 모든 이에게) 141
15. 기다립니다 142
16. 모든 것 끝난 뒤 143
17. 귀향 144
18. [時調] 겨레의 원 145
19. [時調] 형제삼시가(兄弟 三時歌) 146
20. [時調] 염원의 반송(盤松) 147

조수형 제1시집 **풍경은 거울이다**

두 빌리넬의 *38선*

 한국전쟁 60주년을 맞아 이루어진 AOK(Action of one korea)통일염원 행사에 싱가폴 시인 Desmond Kon 님이 이탈리아 정형시의 형식을 빌어 헌정한 시를 조수형 시인이 우리말로 개작하여 헌정한 시이다

 원작과 개작한 시는 호주 한국전쟁 기념관, 미국 아칸소주 한국전쟁 기념관에 교육자료로 등재되었다. 유튜브로도 만나볼 수 있다.

제1부

풍경은 거울이다

소나기

노랗고 붉게 타오르던 모닥불
모든 젊음 태우려는 듯
옆에만 다가서도 전해오던 열기

때 못 가리는 오줌싸개처럼
어느새 후두두
하늘은 눈치 없이
열기 모두 거둬간다

이 비 그치면
언제 그랬냐는 듯
대지를 햇볕으로 흥건히 적시겠지
얄미운 그녀처럼

화원 앞

예쁘고 고운 얼굴로
누구를 데려갈까
입양 나온 사람들
줄지어 선을 보이는 봄꽃
봄바람에 살랑 몸을 흔든다

오늘의 나를 위해
흙을 묻히고 똥을 묻히고
거친 손으로 보드랍게
나를 만져주던 그 사람

떠나기 싫어 고갯짓
도리도리
눈길을 피하고 손길을 피하고
머무르기 힘겹다

햇볕이 익어가는
화원 앞 내 모습

봄

한 발자국 다가선 계절이
반갑게 비를 보낸다
도로 옆 쌓인 눈에도
골목 안 얼어붙은 눈에도
방죽 위 쌓인 눈에도 비는 다가선다

얼마 뒤 비의 대군이
봄 나팔을 불며
진군해 오겠지

소한 대한을 거쳐
맹위를 떨치던 동장군도
마지막 발악일 뿐
슬며시 찾아드는 봄 숨결에
물러가기 바쁘리라

길가에 나와 환영하는
진달래 개나리 무리를 볼
날도 멀지 않음이라

새 처녀야 가슴을 여미어라

아이야 허리를 피어라
그날
구름까지 튀어 오르자꾸나

- 時調

곁에선 그대보니 세월이 느리고나
햇볕을 고이받아 일각을 아끼리니
황홀한 나의향기가 당신몸을 두르리

*
**
추억은 선율이뤄 가슴에 파고들고
옛사랑 빗줄기에 녹여셔 내리나니
매일밤 되풀이되는 빗속에서 머무네

벚꽃 이야기

분노하는 어린 마음
살면서 화낼 일이 무어라고
분이 쌓여 터지는구나
하이얀 꽃잎 아래 억눌러 참고 있는
붉은빛 꽃대를 보라

하얗게 다 타버린
마음 하나가 펑펑
눈물도 소리도 없이
오로지 펑펑 분을 푼다

새하얀 봄을 위해
겨울에 꽁꽁 숨어 지낸
가슴 한가득 원을 품고 분을 쌓으며
이르른 봄 햇살에 하소연 하는구나

뽀얀 아름다움을 지천으로 곳곳에
휘날리는 벚꽃 마냥
내 분노여
아름답게 휘날리어라
핏빛을 거두어 하얗게 날리어라

조수형 제1시집 '풍경은 거울이다'

참아 온 세월에 분노인 줄도 모르게
하얗게 눈부시게
찬연히 터지어라

- 時調

살짜기 내민나를 용케도 알아보니
부끄럼 이내잊고 만개해 보이리라
찬란한 이내모습에 넋잃지는 마시오

*
**
생사를 넘고나니 세상이 이쁘옵고
디립다 니기넌게 귀여이 보이더라
고통은 맘이커지고 감사알게 하더라

착시

눈에 씌운 모습들
머리에 씌워진 생각보다
그 모습들이 이야기한다

어쩌고 저쩌고
저쩌고 어쩌고
모습들의 수다에 귀가 아프다

옆집 주희 엄마도
앞집 김씨 아저씨도
서로 이야기한다

술 취한 내가 알거나 말거나
그들은 이야기한다

아서라
그들이 이야기하는 게 아냐
동공에 머문 모양이 얘기한 거지
그래서 웃지
탁한 웃음 한 사발

비

부서지는 비들
지붕 위에서
난간 위에서
더 작은 알갱이로
별을 품고 내려온다

자신의 무게를
주체 못하고
하늘로부터 자유낙하
마침내
산산이 부서지어

후두둑
더 작은 알갱이로
빛을 희롱한다

내 눈에 내 귀에
너의 존재를 알리너
마침내
너는 부서지어 알린다

추(秋)1

뒹구는 낙엽에도 사연이 있다
솜털 보송하니
얄리얄랑하던 시절과
눈을 뜨기 힘들 정도의 햇볕
용을 쓰고 피워 낸 꽃

열매마저도 내어 보내고
모두를 저 바람에 보내고

나마저 바람에 맡기어
그날의 기억을 추억에 접어 넣은 채
바닥에 구르고 있다

누군가는 나를 집어 책갈피에 넣겠지
그는 알까
내 옆에 있던 오월의 향기를

추(秋)2

아삭 아사삭 밟힌다
나는 가야 하고 전령들은 와있다
미안⋯⋯
속절없이 밟히는 전령들이여

아침이면 사라질 운명이여
새벽녘 내 발아래 사라지는
너희의 모습에
걷고 있는 내 발이 지옥에 있구나

전령이여 웃으라
또다시 찾아올 내일
내일은 더 많은 너희가 와있겠지

나는 너희를 밟으며 떠나가고
너희는 나를 보내며 오겠지
나 이제 내 흔적을 남기며
이만 총총히니
세월이 흘렀다 눈가에 습기 돈는다

기다림

스산한 바람이
음산한 불빛이
처량한 찬 비 다 내린다

누구의 죽음을 애도하듯
누구의 아픔을 후벼 파듯
또 누구의 실연을 위로하듯
칼날같이 눈물같이 내린다

가난한 자의 지붕 위로
늙은이의 구부정한 어깨 위로
지친 병사의 군가 위로
겨울이 오는 하늘의 울음을
어두운 아스팔트 위에서 마중한다

긴긴밤 지나고 나면
이도령 춘향이 찾아가듯
울음 머금은 하늘이
고이 햇님을 뱉아낼까

겨울의 해는 하늘 뒤로
뚫린 지붕 속으로 노숙자의 어깨 위로
고개 숙인 내 머리 뒤로
눈물만 밀어 넣는다

풍경은 거울이다

풍경이 거울인 줄 알았다
그때 그 시절에 그랬다

바람이 울리는 종이란 걸 알았을 때
머리는 곤두서고 심장은 내려앉았다

요즈음 새로이 알았다
풍경은 거울이란 것을
바람이 비추는 거울이었다
그것을 알았을 때
구름 속에 있고 별 위에 있던 내 모습

때로는 여린 모습으로
때로는 진군하는 군대처럼
바람은 그렇게 풍경에게 제 모습을 보인다

둘이 참 다정하다
조근조근히다 왝 몰아쳐도
맞춰 흔들어 줄 뿐 대들지 않는다

이제 바람도 잠잠

언제 그랬냐며 점잔을 빼며
다소곳이 풍경을 매만진다
제 모습이 풍경에 다 들킴을
바람은 알기 때문이라

- 時調

술치는 옥수에는 눈길도 안주더니
따를때 들썩이는 엉덩이 여겨보고
말로서 들여볼라니 어디쉽게 보일까

*
**
그대의 그리움을 바람이 전해주니
망부석 변치않는 님모습 떠오르고
내소식 구름에달어 님에게로 보내네

미안해

바다여 미안하구나
몸 속에 타오르는 불길
넘치는 마음 잡으려 죄 없는
너에게 소리치고
발길질하고
주먹 휘두르니
파란 네 모습이 더욱 푸르러라

바다야 미안해
힘겹게 숨을 쉬고
숨이 모여 이룬 포말
너의 힘겨움이 푸름을
하얗게 퇴색시키는 걸
나는 고작 아름답다고 하니
하이얀 네가 오늘
더욱 오래 머문다

닮았다

하늘과 물이 마주한 저곳
곱게 접어 펴놓은 데깔꼬마니
아래 보고 위를 봐도 같구나

물에게 하늘이 담겨
모습을 비추어도
물결을 일으켜 굳이 아니라 하는
어릴 적 내 모습

닮지 않으려 하고
닮기 싫어하여도
바위도 그늘 찾는 철에는
푸름을 담고
색색으로 물드는 시절에는
색색으로 물들었다

세세히 따라 하는 모습 보며 빙긋이
웃어버리는 저 하늘은
꾸짖는 듯 품는 듯
소천하신 어머니구나

나도 어쩔 수 없는
하늘 닮은 물이다

비 내릴 때

비가 땅으로 떨어짐은
하늘로 띄워 보낸
땅의 바램이련가

품었던 이슬들이
때가되어
하늘로 가고나면
메마른 땅의 통곡소리

젖무덤 찾는 아이처럼
땅을 향해 달려드는
천진한 아이들

엄마 만나
저리 시끄러운 걸
누가 뭐라 할까마는

헤이지는 연인은
아이들 기쁜 노래에
두 눈가 이슬 내린다

백발 구름

빛나는 당신의 모습
시간이 떠났어도 동공에 가득한데
당신의 빛이 화인으로 남은겐지

나오는 말은
심정과 무관히 전하지 못하고
바라만 보기에도 힘들었소
별빛 같은 당신 모습 가리우는
구름 한 점 쫓지 못하고
미안해 고개 꺾인 나

백발구름이 먹구름보다 더 싫어
악마 같기도 귀신 같기도
오늘도 장대들고
구름 치러 가는 나

빛이여

십 수 년만 지나도 알기 어려운 머리로
백 미터만 떨어져도 보기 어려운 눈으로
수만 년 전에 날아온
별의 숨겨진 전설 듣는다

동공에 닿을 거리에서
수십만 년 전에 다가선 별
말없이 실실 웃지만
빛으로 드러난 별
가득 차오는 빛 속에서
제 모습 잃어간다

빛이여
너는 있게도 하고 없게도 하는구나
또로록 굴러 온 빛이
그녀를 비추며 깨우는 아침

숲을 걷다

나는 기억한다 그때의 그 발을
땅의 지기를 마시려는 듯
있던 곳을 향한 향수인 듯
숲 속의 모양과 하나 됐던

발은 지표를 달렸고 걸었고
멈추었을 때
숲을 뒤집어쓴 모습
건강한 듯 아파보였다
나는 너의 발을 호 호 불었고
흙 위에 가지런한 너의 발

발이 그림이 되어갈 때도
너의 발이 아파보여
호 호 불기 멈추지 못하는 내 모습

민들레

빛의 원색을 바탕에 깔고
노란 물감 발라
생겨난 야화

얼마 후 새털보다 가벼운
털옷을 입고
어떤 꽃보다 더 높은 곳으로
비상의 꿈에 조용히 좌선한다

가장 낮은 곳에서 가장 높이 올라
세상을 내려보며
또다시 낮게 임할 땅을
살포시 찾는 그대

노란 브로치 흙 위에 살려
세상에 하나 뿐인 듯
자랑스레 빛나고 있다

제2부

어머니의 베갯잇

대지(大地)의 호명(呼名)

후두두 떨어진 비
하늘이 긴장했는가
주룩주룩 내린다
대지가 부르는 호명(呼名)소리 놀라
세차게 내리던 비
어느 샌가 멈추어
혹시 또 부를까 조용히 물러앉는다

대지가 품은 생명
생명수에 흠뻑 젖어
골목 귀퉁이에서도
질긴 초록으로 솟아나고

재촉하는 대지가 소리치면
비로소 하품하며
봄인줄 나도 알아 외치듯
꽃피우겠지

설레임

아 나를 보지 마
내 뒤를 보는 척
나를 보지 마
알코올의 기운도 없는데
감기에 걸리지도 않았는데
내 얼굴이 뜨거워져

바빠지는 심장 소리
쿵. 쾅. 쿵. 쾅.
천둥소리가 이만할까
대포 소리가 이만할까

얼굴을 돌려 네 앞을 봐
오! 하나님
너의 방향 없는 눈빛에
숨을 못 쉬겠어
내가 너를 볼게

너의 언저리에서 심장은 뛰고
물 속에서 숨을 쉬는 듯
가슴이 답답해

무궁화 꽃이 피었습니다
내가 한 발자국 다가갑니다

어머니가 더 아프다

시끌시끌 웅성웅성
항상 사람들로 가득 찬
청량리 시장

파리도 날고 과일도 날고
멸치도 날고 됫박도 날고
떴다 단속반

한 광주리 멸치
됫박 하나 아주머니 전 재산
저게 떨어질 때
살살 떨어져야 하는데

됫박 쌀도 못 사고 돌아온 걸음
아이의 준비물이 크레파스랍니다
크레파스 대신 몽둥이질
패고 또 패고
아이가 우는 것보다
아주머니 눈물이 더 많습니다
울고 또 울고

아이는 기도를 합니다
내년엔 크레파스를 꼭
꼬옥 주세요 하나님

아이는 두 손을 모은 채 잠이 들고
젖어진 베갯잇에 어머니 잠들고
밤은 마냥 깊어만 갑니다

- 時調

낮술을 먹고나니 쉬고만 싶어지고
춘객은 놀러가실 생각이 꽉찼으니
빈곤한 신세한탄이 꽃잎따라 날리네

임종

저녁도 훨씬 지난
까만 밤 까만 방
눈꺼풀 올릴 힘도 없이
바짝 메마른 입술이
숨 쉬라는 코는 버려둔 채
입으로 숨을 쉽니다
허억 허억

손가락을
장난하듯 튕기듯
모르스 부호처럼
도로록톡톡 도로록 톡톡
하늘로 보내는 신호인지
나에게 보내는 신호인지
도로록 톡톡 도로록 톡톡

힘들어하는 그녀
이미 작아질 대로 작아진
그녀의 옆에 눕습니다

신호 하는 손을 가만히 잡습니다

까만 방에는 숨소리만 가득합니다
허억 허억 헉 헉
이윽고
소리마저 멈춥니다

그녀의 입을 닫아주고
이야기합니다
이제 편하시죠
거기 가시거든 더 편하실 거에요

잘 가요
엄마

단잠을 자고 있을 사람들
울음소리를 내지 않습니다
내 몸에 물이 이리 많았나
두 눈으로 물이 다 샙니다

조용히 이불을 덮고
그녀의 옆에 눕습니다
아직 하늘에 다다르지 못했을
그녀의 손을 잡습니다
숨소리 조용한 그녀입니다
저 잘 자라고 아주 조용합니다

오늘은

나랑 자자
엄마

- 時調

생일에 바라보는 술잔엔 한이차고
소천한 어머님의 지청구 들리나니
밥상의 진수성찬도 수저들기 힘드네

가장 비싼 옷

당신이 마시는 술
서글픔을 들이키는 당신의 입술
하고 싶은 말 내어 뱉지 못하고
술로 달래는 군요

애들도 가까이하지 않는
당신의 몰골
당신이 그러하기에
우리에게 웃음이 있건마는

한잔 술에
나오지 않는 눈물 대신
꺼이꺼이 소리치는 당신 모습

얼마나 외로웠소
이제 그만 드시고 이리 오시오
당신의 쇠냄새를 베개 삼고
고고는 소리 자장가인양
단 꿈을 꾸고 싶습니다
이제 그만 드시고 주무셔요

내일은 제가 입는 고급옷 위에
당신의 향을 걸치고
산보를 갈까합니다

- 時調

그리움 병이들면 심마가 끼치오니
달리는 이내몸을 떠올려 기다리고
바람에 몸을맡기어 광속으로 이르리

*
**
꽃피고 바람좋은 봄이와 좋을시고
님향한 발걸음이 흥겨워 가벼우니
기다릴 당신모습을 꿈에라도 잊을까

생일

나 아직 기억 없던 날
태양은 따스했고
바람마저 알맞던 날
내 어머니 내가 아프게 한 날

열 달 내내 편안했는데
이제 그만
얼굴 좀 보이라고 신호하니
어린 내가 무슨 힘으로 머물까

꿈결에 배운 낮은 포복
숨 막히는 순간을 지나
마침내 대기의 내음 맡고
감격에 겨워 울었다는데

덩그러한 미역국이 모락모락
오늘이 그날임을 알리고
쭈글지은 어머니 눈에
그 시절 담겨있다

오월

삼월에 피어올라
대지를 날염하던 전령들
만개하던 모습 힘을 잃고
눈꽃 뿌리며
수수꽃다리 불러 옵니다

초로와 같은 인생
다디단 향기가 위로하고
철쭉도 지기 싫어 붉은빛 하얀빛
천지 빛 갖춰 입으며
한들한들 눈 속에 머뭅니다

수수꽃다리가 바람 다스려
향기 가득한 대기
연인의 가슴에 담겨
너무 진하지 않은 향이
온몸에 스미는 오월입니다.

나는 날고 싶다

창공에 나래 펼쳐
유유히 바람 타며 저 아래
좁디좁은 땅 위의 곡절을 바라본다

실낱같은 자유 향해
물먹은 솜 같던 몸 일으켜
눈꺼풀 치켜뜨고
간신히 날아오른 지금

붕새가 아닌들 어떠하리
어여쁜 제비 아니면 어떠할까
너울거리는 나비만이라도 되었으면
바라던 세월 지났는걸

부리를 굳게 닫고
맞바람 뚫고 날아
구름보다 더 높이
태양 아래 구름 굽어본다

사랑하지 못한 죄

계절을 넘은 바람의 온도
바뀐 지 오래건만
길 위에 주저앉아 소리치며 울고 있는
저 이들은 누구인가

온몸에 얼음을 두른 듯
바람 앞에 등불 같은 위태함으로
사방을 경계하며 떨고 있는
저들은 누구인가

주여 용서하소서
저들의 눈물을 닦아주지 못하는
용기없는 저를 용서하소서
저들을 사랑하라는 말씀
따르지 않았음을 주여 용서하소서
주여
죄지은 몸을 불살라
저들의 퇴비가 되게 하소서

다하지 못한 말

늦가을 메마른 낙엽처럼
버석거리는 대화
가리고 가려도
부서진 말들만 탁자 위에
소복이 쌓이는 군요

차마 전하지 못하는 말
눈으로 전하는
그대 모습 받아들이며
수척해진 당신 모습 바라봅니다

끊기지 않은 인연 다행이라 여기고
헤어져 숲으로 가는 당신
먼지 되어 사그라지는 나
봄을 기다립니다

변신(變身)

부서져 자그만 모습
얼마 뒤에는 녹아 뭉뚱그려질 테고
더 시간이 지나면 물처럼 흐느적거리며
흐를 수도 있겠지

생각해 보면 그리 대단한 일은 아닐 텐데
자그만 틀에 부어져 바늘이 되고 싶어
어머니 손에 쥐어져 헤지고 구멍 난 곳의
날줄과 씨줄을 인도할거야
아담한 바늘이면 되는 거야

때론 적당히 잘 드는 과도이고도 싶어
달콤한 향기 맡으며 껍질을 사각거리며
사사삭 과육을 갈라 모두가 군침 돌게
아담한 과도가 되고 싶어

피어오른 불구덩이로 날 밀어 넣는
저 손이 밉지만
그래야 한데
궁금한 건 정말 바늘이 되고 과도가 될까
하는거야 저 속에서

너무 뜨거워 잊어버리진 않을까

어쩌겠어. 달콤한 구덩이로 가서
뜨겁게 녹아야지

　　－ 時調

　못생긴 쌍죽이라 쓰일데 없었으나
　불고문 뜨거웁게 거치어 변하나니
　심금을 울리어오는 대금되어 울리네

　**
　내리는 햇빛베어 허공을 반짝이고
　달빛을 베어갈라 어둠에 빛뿌리니
　칼날로 운연변태(雲煙變態)한 흥취내어 부누나

　　　　※운연변태 : 구름과 안개가 변화무쌍하여 갖
　　가지 정취를 일으킴

조용한 이들

입도 있고 말도 아는데
말하지 못하고
말해도 듣는이 없는
독백의 세상에 갇힌 사람

평생을 살아도
자신이 만든 옷을
사 입기 어려운 이들

수백 수천 년이 흘렀건만
약한 이의 울음 소린 조용하다
유전인가 벙어리시간

여름

푸르던 잎사귀들 햇볕 그을려
여름 한 철
검은 빛마저 띄운다

아버지도 비지땀 흘리시며
까매지시던 여름날

녹음이 짙어질 무렵
까매진 이들 숲 속 찾아
단잠에 빠진다
햇볕도 까매지는 여름밤

염치(廉恥)

무엇이 부끄러운지
손 뻗어 하늘 가리는
나무들의 분주함

계절은 구애(拘碍) 받지 않고
어머니 손등의 주름같이
살며시 살며시 오는 줄도 모르게
하늘을 움직여 다가온다

나무의 부끄러움에 숨어
햇살 피하는 나는
오랫동안 아주 오랫동안
계속 부끄러워하기를

* 염치 : 체면을 차릴 줄 알며 부끄러움을 아는 마음
* 구애 : 거리끼거나 얽매임

실망하지마

휘몰아치는 비를 보며 다소곳이
한 발 내딛는다
비가 오든 해가 뜨던 아랑곳하지 않던
어린 시절 마냥 우산은 접었다

오늘이 푸르리라 달려온 길
하늘은 온통 먹구름
땅은 질척거리며 신발 신은 나를 비웃는다

흑암의 숲을 지나 그립던 땅의 내음
먼지 된 지난날은 이미 깨끗하고
아이들 웃음소리만 여전하구나

다시 뛰어보라는지 퍼붓는 빗줄기
우산을 피어 든다

씨알

어두운 땅속
제 살을 찢어야만
맡아 볼 햇볕

살며시 살며시
조심하고 두려워하며
좋은 생각 한 방울
희망 담은 땀 두 방울

단단한 흙 알갱이
밀어내며
마침내 고개를 든다

부지런히 쏟아지는
햇볕 고스란히 맞으며
좋은 생각 잎이 되고
땀방울 꽃이 되어
바람타고 뽐내본다

산다는 거

산을 넘어 태산
태산 넘어 자갈밭
자갈밭 건너 가시밭
거익태산

무던히도 달려
숨 한번 몰아쉬니
어디선가 불어오는
산들바람

내 대신 땀 훔쳐 주는 이
누구인가
보고 싶고 다다르려 한 그곳
어디인가

눈에 눈물이 맺히고
가슴에 불을 껴안은
올무 끼인 나는
버둥거린다

바람 시켜 땀 훔치는 이는

무슨 얘기 하는 건지
그저 토닥이며
열기 품은 땀만 날려
주는 구나

- 時調

날들이 흘러가서 세월이 되었으니
얼굴에 주름지어 춘추를 헤아리나
심중에 쌓여온것은 지지않는 꿈이리

*
사랑의 소리찾아 만방을 다녔으나
아직은 명징하게 깨닫지 못했으니
야심한 차가운밤에 어찌하믄 좋을꼬

각성우(覺醒雨)

비는 내리지 않는다
그저 주체 못하는 열망으로
대지를 향할 뿐

거칠 것 없이
내달리다 빌딩에 나무에
땅 위에 부딪혀
그들이 있음을 알릴 뿐

바람이 따귀 때리는
이 저녁 어둠을
요란한 소리 앞세워

고개 든 얼굴에 나도 있음을 깨운다

망향가

흐드러지고 횃불 같던
진달래를 뒤로하고
산을 넘고 평원을 달리고
바다를 헤엄쳐온 곳

겨우 며칠 굶었을 뿐인데
허기는 내 속에 가득하다
양껏 먹은 곡기도
그 속을 허기로 채우는구나

찔레꽃이 위로한다
다~그런 것이라고
그렇게 가는 것이라고

바라보는 강 건너
고라니가 뛸 것이고
토끼도 돌아가 방아 질을 하려겠지
후두둑 꿩한 마리 숲을 헤친다

나무도 잘라내고 흙도 덜어내어
너무도 잘 보이는 저곳

얼마쯤 가서 휘휘 돌면
진달래 그곳인데

어느덧 다가온
퀭한 눈 굽은 허리
우리는 기억하는가
멱을 감고 족대 질을 하며 걷던 그 모습

진달래를 뒤로하고 찔레꽃을 뒤로하고
우리는 진달래를 바라본다
멱을 감고 족대 질을 하고 연을 날리던
그 모습을 바라본다

이곳은 이역만리 타국
같은 말 같은 모습 같은 땅
이역만리 타국
이곳을 꿈에 그리었던가

처처 심심 진달래 그리운 곳
바람이 실어다 준 향기 한 움큼에
버티어 선 저것이 우습구나

새벽 여명 차오르는 내 두 눈에
폭풍처럼 몰아치는 눈물이여
떨려오는 팔과 다리는
이어진 저곳에 서고 싶고 달리고 싶어

요동치는 파랑이려니

단지 서고 싶고 달리고 싶고
멱을 감고 물장구치고 연을 날리고
꽃잎 따다가
화전이나 나누려는데

이역만리 타국을 돌아
이역만리 타국에 서서
허리 굽은 친구의 손을 잡고 있다

    ※족대 : 물고기를 잡는 기구의 하나.

- 時調

초목이 엎드리어 배달을 칭송하니
겨레의 높은꿈이 목전에 있음이라
대배달 하나될날을 순식간에 이루리

축축한 날

두터운 먹장 속에 숨겨진 태양과
살던 곳 찾으려는 빗방울
아직 이르지 못한 열망으로
여름을 채우고 있다

보이지 않는 모습
날이 새고 지는 것만 알게 하는 태양
아직 끝나지 않은 장마를 알리는
징그럽게 긴 빗줄기

가끔 이라도 말간 해를 보고 싶음은
뒤돌아서 헤어지며
한 번쯤 불러주길 바라던
어릴 적 내 모습

늘어진 어깨 위에 쏟아지는 장대비

그날마저 침수시킨다

제3부

경계를 배우다

별리

서러운 노래만 부르는 개구리
비 오는 날 떠오르는
그 시절 내 노래

그대는 간다 했고
나는 가라 했지
다시 볼 그날이 올 걸 알기에

떠나는 비

그때도 이랬던가
지금보다 더 세찼던가
그때도 찬바람만
남았었는데

눈물이 비와 같이 흘렀지
비에 가리워져
다행 이었어
눈물을 가리울 만큼 더 세찼던 비
눈물 넘어 나를 보던
너의 눈망울

또 누가 떠나는가 봐
그때처럼 비가 내려
울어도 모를텐데 그 사람은
참고 있나봐

경계를 배우다(진눈깨비)

경계에 서 있는 너
너를 나누지 못함은
네가 모두 다 사랑함이리라

아슬아슬 경계에 서서
모두를 넘나들며
모두를 이끄는 모습

신의 사자가 되어
거친 비를 달래고
차디찬 눈을 어루만지누나

모두 다 사랑한다
외치며 흩날리는 너를 향해
나는 가만히 고개 숙인다

두고 온 박씨

나는 저 초원을 달리던
용사요 말이었다는데
이제는 기억이 나질 않는다
달려본 지가 너무 오래되었나 보다

나는 너무 굶주렸다
살점이 패는 압록을 건너
벗어버린 내 껍데기는
그들이 가져가고
나는 제비로 화했다

오늘도 어김없이 하루가 저무는구나
무에 좋다고 하늘은
아름다운 노을을 뿌리는 건지
땅은 눈물을 먹고
까맣게 젖어든다

나는 보고 싶다
황진이의 박연폭포
서산의 묘향산
철 따라 변한다는 금강산

그리고 성산 백두산

나는 달리고 싶은 것이다
평양을 내달려 개마까지
압록과 두만을 보고
고선지의 그곳까지
혜초의 길을 따라
대륙의 모든 것

제비가 되고 말이 되어
도착한 따뜻한 남쪽
남해의 해풍을 맞아보고
한라를 달려봤다

돌아갈 길에
아뿔싸 이게 무어더냐
지하의 무저갱에서 하늘의 극천까지
드리워진 이 장막은 무어더냐

눈물이 난다
날갯짓하고 발을 구르며
목청이 터지고 폐가 찢기도록
애처로이 부르짖는다

바람이 머리를 때리며
스치는 생각 하나

조수형 제1시집 '풍경은 거울이다'

남겨 둔 박씨
먹지 않고 두고 온 박씨 하나

다행이다 정말 다행이다
얼마 뒤면 박이 열리고
그 박 터지는 날

나는 그날까지
장막의 저편에서
목청이 터져라 피를 토하며
외치고 있으리라
열. 려. 라!

사라진 그 시절

영구할 줄 알았던
그대에게 안내하는
이정표

오렌지빛 공중전화
홍로빛 우체통
눈감아도
떠오르던 숫자들

그녀의 목소리가
아리아로 울리고
안녕이란 두 글자
악마파 그림 같던
시절

모래사장 그림처럼
세월이 파도 되어
기억도 가물거릴 때
공중전화 우체통도
안 보이더라

손 안의 핸드폰만
만지작거린다

길 위

가려 해도 가지 못했습니다
하려 해도 하지 못했습니다
옛 선인들도 쉼 없이 말해 온 일

가려하고 벗어나려 할수록
자승자박의 굴레를 쓰는
길 모르는 아둔함인가요

헤매도 안 보여도
내 발이 길 위에 있기를
조용히 기도합니다

디딜 곳 찾고 있는 발은
공연히 심장을 긴장시켜
박동소리 어지럽습니다

남자라서

사랑하던 여인이 떠나던 날
길 위에 주저앉았서도
울지 않았습니다

내 모든 따스함을 주셨던
어머니가 소천하시던 날
통곡하지 않았습니다

내가 사랑하고 아끼던 아들이
말없이 떠나던 날 가슴에
눈물이 태풍처럼 왔을 때도
그저 무사하고 건강하길 바랄 뿐
울지 못했습니다

눈물이 얼굴을 적시지 못하고
혈관을 휘돌아
온 몸으로 퍼지는 날
남자가 정말 싫습니다

대붕의 벼리

푸르디 푸른 창공
을씨년한 구름모여
먹빛을 더해보니 옥빛으로 변하누나

차디 찬 대지에 발을 붙이고
하늘이 좁다하던 옛 생각 더듬으니
아련한 추억에 그리움 이슬된다

날개 짓 한 번에 수만리 날아가던
내 모습 찾아보며
부러진 두 날개를
세월에 맡기고 반듯한 대지 위에 있다

두 눈을 창공에 두고
바람을 어루만지며
훨훨 날아오르는 내 모습을
벼리로 가둬둔다

  ※대붕 : 커다란 날개를 가지고 하루에 9만리를 날아간다는 상상의 새
  ※벼리 : 그물의 왼쪽 코를 꿰어 놓은 줄. 잡아 당겨 그물을 오므렸다
          폈다 한다.

소리쳐

주저하며 떨지 말아라
다가온 기회의 시간
부르짖으라

떠나가 하늘에 이르면
목숨보다 사랑하던 이도
알기 힘드니
온 힘 다해 외치어라

너의 사랑은
바람 같지 않으리니
붉게 물든 입술 열어
사랑을 외치어라

진실로 진실로 사랑을 향해
가슴가득 차오르는
경천동지할 울림으로
오직 사랑한다 외치어라

※경천동지 : 하늘을 놀라게 하고 땅을 움직이게 한다는 뜻으로,
몹시 세상을 놀라게 함을 이르는 말

행복한 소원(지적 장애우 가족에게 올립니다)

삐딱이가 아이를 낳으면
삐딱이 일까
열 달을 곱게 품어 세상에 내어보니
하늘이 맑고 땅이 푸르더라

허물이 없는 아이
천사가 변한 바보
눈물로 날을 새고 가슴 친 일 얼마던가
아이는 아직 잠들지 않았다

하늘이 보내준 고귀한 천사
내가 하루 단 하루 더
지켜줄 수 있다면
세상의 혹한과 칼날을 한 번만
더 맞아줄 수 있다면

내 품에 안겨 웃음 짓는 아이를 위해
하루 아닌 단 일초만 더 살아도 행복인네
삐딱이 오늘도 무수히 날아들은 시선 맞고
아이와 노닌다

허락하소서 단 일초면 됩니다

추억이라 않으리

머릿속 헤매이던 말이
사랑해
들어줄 이 없는 방안
사랑해가 헤매인다

추억은 텅 빈 방을
더욱 커다랗게
가슴은 더욱 황량하게

시선은 결국 빈 방에서 길을 잃었다

이제는 지나가서
찾지 못해도 절대
추억이라 않겠다
가는 다시 온다

혀 끝에 느끼고 싶어

손끝으로 느껴지는
봄이라 나풀대는 꽃잎
달력이 없고 말소리 잠잠해도
봄 향기 가득 코끝을 간지러워
봄이로다 하는구나

이미 따스한 온기
꼬옥 온몸을 감싸니
내 모든 것
봄을 향해 열리어
온몸에 떨리오는 격정

손끝에 묻어나는 보드라움
아낙들을 불러내고
온갖 봄 냄새 치마 끝에 갇히어
이제 혀끝으로 느낄 날
손꼽아 기다리고 있다

그날 밤

어두운 밤 만물이 숨죽인 시간
숨소리마저 천둥 같은 밤
기척 없는 그곳
풀벌레 별빛과 도란 도란

잠시 후면 시작될 모습들이
아직은 별빛만 외로이
박자연습 반짝 반짝

풀잎 작곡의 야상곡
풀벌레 신이 나 연주하고
별빛도 덩달아 반짝반짝
박자 맞춘다

군무 이뤄 달빛 수놓던
풀벌레 소리 잠잠해진 깊은 밤
어김없이 되풀이 될 모습

조수형 제1시집 '풍경은 거울이다'

꿈결로 가는 운전수

웨딩마치 선율 타고
봄볕 아지랭이 같던 당신처럼 안기운
지천에 드리운 사월 향
봄을 부른다

강산이 변한 것을
그대 얼굴에 앉은 봄볕 속에 보았지
불현 듯 날아 온 화살에 꿰여
동공에 맺힌 채 흐른 시간

내가 뛰면 당신도 뛰고
당신 뛰면 나도 뛰었지
발목에 묶인 줄을 보면 슬며시 웃음 난다
참 다행인거야
당신은 불편했을까?

오늘 밤 지천명의 지혜로
날리우는 꽃잎 모아 요를 만들고
곱디고운 햇볕으론 이불 짓고
팔 베게 내주어
꿈결로 안내하는 운전수 되어본다

하나의 겨레

대동강 푸르다 하나
여기 모인 우리보다 푸를까
봄꽃의 향기 짙어
코끝을 간질여도
우리가 흘리는 땀 내음 보다
향기롭지 않으리라

천사들의 도시에
둥지를 틀고
오대양 육대주의 배달 염원
하나 된다

얼마나 만나고 싶었던가
얼마나 바라던 일이런가
우리의 어깨동무 철책을 넘고
우리의 맞잡은 손 국경도 넘으리라

하나 된 겨레의 발길
백두대간 지신을 밟고
포효소리 하늘을 울려
아리랑 노랫소리
천지에 가득 차리

질주하지 마라

나에게 하늘을 날 수 있는 비법이 있다면
나에게 물 위를 거닐을 마법이 있다면
내가 TV에도 나올 텐데
TV 출연보다 기쁠 것은
언제나 바람대로 내 사랑 곁에 갈 터인데
나의 발은 언제나 제자리

열심히 뛰어 빛보다 빠른 걸음이라면
순간의 찰나에 다다를 거리
너무 쉬워 뛰지 않을까?

정말로 내가 뛰지 않음은
공포
너무 빨리 뛰어 보게 될 내 뒷모습
그러면
내가 사랑한 건 누구였을까?

상고대(上古代)

모두 뱉어놓고 죽은 귀신이 저러할까
가슴에 토해진 한이 서려 저러할까

차가운 새벽녘

신비한 안개마저 알알이 가두어
머리에 허리에 이고 업고
재가 된 모습보다 더 하얗게
다가올 쓸쓸할 날
하이얀 머리 조아려 마중한다

떠오르는 태양에 모두 고하고
승천하여 노닐다
내일에는 또 내일의 할 말 갖고
허옇게 아침을 맞겠지

※상고대 : 나무나 풀에 내려 눈처럼 된 서리

타이밍

햇빛을 가져간 이들이여
오밤중에 별빛 기대
삯을 버는 이를 아는가

책을 펴고 내려오는 눈꺼풀
타이밍 한 알로 버티고
어미는 천근 졸음을 타이밍 두 알로
도라지 찹찹히 만든다

휘영청 밝은 달도 위로가 못 되는 날
아이는 토막잠을
어미는 아이 자는 토막잠을
바쁜 걸음 도라지 팔아 지킨다

※ 찹찹히 · 부사 포개어 쌓은 물건이 엉성하지 아니하
고 차곡차곡 가지런하게 가라앉은 상태로
※ 타이밍 : 각성제의 상품명

칠월

뜨거운 열기는 푸르른 이파리처럼
무성하게 턱밑을 채우고
고민의 가지는 더위 만큼
풍성하지만 푸르지 않아
아랑곳하지 않는 현실

북청의 물장수를 냉장고에 가둔 시대

버스 창가에 기대
푸른 흉내 낸 거리를 바라보며
마트에서 길어 온 물로
달래는 갈증

포니에 에어컨 있다고
신기해하던 그때 마냥
은하수 물맛도 이보다
시원하진 않을 거야

상심(傷心)

포연이 사라진 자리
그리움으로 채워졌는가
내려 쬐는 햇빛의 갯수 만큼
보고픈 이들이여

세월도 흘러 넘쳐
강산도 여섯 번이 바꼈구먼
우리의 그리움은 견우직녀 보다 못한 겐지
일년에 한 번이라도 해후하는
그들마저 부럽구나

삼복의 염천은 그리움의 열망이요
쏟아지는 장맛비는 쌓여진 눈물이어라
여기 애타게 노래 부르는 목소리는
가는 연줄이 되어 바람타고 훨훨
그 옛날에 가서 닿거라

제4부

사랑을 가두다

장미에게 가는 길

모든 이가 바라보는 당신
모든 바람이 머물려는 당신
모든 것과 가깝지 않은 당신

바라만 보려 해도
당신의 향은
나를 움직이지 않는가
바람을 시종 삼아
당신의 향기를 전함은
단옷날 춘향이인가

태양의 뜨거움은
당신을 더욱 붉게 하고
나의 시선은 거기에 머무오

내가 오늘은 안고 말리오
기필코 오늘은 당신을 안으리요
손에 가슴에 선혈이 낭자하여도
내 당신을 안고 기뻐 뛰리오

내 입술을 당신에게 가져가오

돌아오라

그대 멈추어라
가던 발걸음을 멈추어
그대 돌아오라

향기나는 머리를 돌려
나를 향하라
발걸음을 뒤로 돌아
나를 보아라

내 눈에 꺼지지 않는
불타는 열망을 보고
내 몸에 발하고 있는
그대 향한 간구를 보아라

세월이 흘러
저기 저 은행나무가 사라진다 해도
그대를 바라는
나의 염원이 사그라질 것인가

그대의 심장 한 켠에서
나의 심박이 울릴 터인데

그대의 발걸음이 나를
지울 수 있겠는가

그대 돌아오라

- 時調

하나된 마음으로 하나를 꿈꿨으나
어찌해 둘이되어 눈물을 뿌리올까
슬퍼도 아름다운게 사랑인가 하노라

날리는 꽃잎따라 마음이 요동치니
월궁과 항아찾아 유람을 떠나련다
너에게 입을마추고 별이되어 머무리

손톱

아이야
계절은 흘러
아픔도 잊을 만큼의 추위가
눈도 뜨기 힘든 땀방울의 더위가
너에게 찾아올 것이다

푸른 잎새에
파란 강물이
하늘을 수놓는 꽃잎들이
꼴 보기 싫을 때도 있으리라

멈추지 말아라
네 손끝의 손톱처럼
아이야 멈추지 말아라

잘라도 자라나며
뽑혀도 자라나며
생명과 함께 자라나는
하얀 꿈을 담은 손톱같이
그렇게 멈추지 말아라

멈추고 싶을 때도 있으리라
그때에 보리라
네 옆에서 자라나고 있는
다른 하얀 손톱들

에워싼 살들을 이기고
있어야 할 그곳으로 가라
마침내 그들을 사랑하라

아이야 둘러싼 그것들로
너의 존재가 견고해지며
너의 무용담이 더욱 빛나리라

아이야 손톱같이 자라거라
멈추지 말며
자랄 때마다 빛나거라

시안의 눈

너는 왜 처량하니
첫눈인데
비와 섞이어 곧 사라지는 너
나오자마자 멸해 간
수 많은 생명을 담은 건지

애써 왕방울로 날리며 위로해도
아직 그대로인 까만 길

시안의 계절에 다가선 너를
두 팔 벌려 안고
동공 가득히 너를 넣어도
곧 사라지는 네가
밉고 또 슬프다

잊지 않으마 네가 첫눈임을

※시안 - 겨울의 전북방언
 - 맑은 파란색

이런 여인

나 죽을 때
세상이 무너진 것 마냥
대성통곡해줄
여인이 있었으면 좋겠습니다

나 죽을 때
나와 똑같은 한 사람
구해놓고 가라는
여인이 있었으면 좋겠습니다

나 죽을 때
환하게 웃으며
잘 가세요 인사해줄
여인이 있었으면 좋겠습니다

나 죽을 때
봄날 따스한 햇볕이
비추어 준다면
하얀 소복 여인이 춥지 않아 좋겠습니다

억장이 무너지는 가슴을 안고

나와의 포옹 한 번으로
배시시 하얀 달덩이같이 웃음 짓는
그런 여인이 있었으면 좋겠습니다

도로롱 쌕쌕 도로롱 쌕쌕
얕은 코를 골며
그런 여인이 여기
곱게 잠들어 있습니다

보리라

배가 나아간다
미끄러지듯
이끌리어 나아간다

오륙도 외항을 돌아
이국의 땅 미지의 세계를 향해
물마저 빛이 다른
만 리를 지나 머나먼 곳
남십자성이 바라보는 그 곳

오로라가 빛나는
빙극의 그 곳
순수의 세계를 향해
배는 Ahead에 고정되어 있다

광폭의 파도를 넘고
삼각의 파도를 피해
시샘 부리는 저기압을 돌고 돌아

배는 나아간다

배가 향하는 곳은
아이가 어미의 젖무덤을 찾듯이
순항하여 다다를 것이다

너와 나
우리가 꿈꾸는 곳
두려움에 떨던 세월을 지나
너와 나 보리라
저 열망의 물결 위에 타오르는 불꽃을

- 時調

웃음꽃 피워지어 어울려 살고프니
벗들을 만나모아 마을을 지어놓고
시객들 불러모우어 노래하며 웃으리

생일 날 여자

석별의 정으로 차려 놓은 밥상
애써 외면하며
일어서면 그만입니까
사랑하던 당신의 생일입니다

하필 이별의 선고가 왜 이날인지
미역국이 하늘하늘
뽀얀 김을 피우는데
훌쩍 떠나는 당신

망가진 인형도 버릴 때 아까운데
이 빠진 그릇도 버릴 때 아쉬운데
당신 옆에 있던 세월이 얼마인데
손님 계산하고 떠나듯이
가시면 그만인게요

그래도 다행이지요
생일 날 미역국 볼 때 마다
이날 이 년이 생각날게요
두 눈이 뻘게지게 내 생각날게요

생일 날 남자

전날 먹은 이별의 말이
어지럽구려
떠난단 말이
목에 걸리고 혀에 걸려
힘들었나보오

잘 차려진 생일 밥상
훌훌 한 그릇 먹고
어제 말 기억 없다는 듯이
허허거려도 되겠지만

별을 따주려 했는데 못 따것소
달도 별거냐 했는데 못 따것소
꽃으로 침대도 못 만들었소
물 한 방울 섬섬옥수에 못 묻게 하려는데
그것도 못하였소

이리 보고 서리 봐도
난 못난 랑이었소
당신의 날개에 말라붙은 진흙같이

그래도 다행이오
사진첩 사진처럼 생일날 미역국 보면
분명 당신이 국그릇
위에 있을게요

- 時調

비마저 풍류맞춰 부슬비 내리나니
탁자에 술잔들고 사모곡 불러보고
떠난님 그리움메어 한잔술을 넘기네

※
바람에 달아메어 달빛에 보내오니
임향한 열정받아 영창에 걸어두소
그대의 잠든모습을 소리없이 지키리

꽃 중의 꽃

달콤한 향기
푸른 듯 보랏빛
더해가는 빛

절정을 향해 다가서는
꿈결 같은 모습
하얗게 질려가며
죽음을 매만진다

폭풍 같은 슬픔이
심장을 흔들을 때
죽음향해 냉소지며
하이얀 꽃잎 내어버리고
다시 찾는 눈부신 보랏빛
잎사귀마저 반짝인다

오만한 장미를 비웃으며
내 빙을 기어고 너의
향기로 채우는
불멸의 꽃 쟈스민
진정 꽃 중의 꽃이로다

첫 키스

잠자리를 잡으려는
어린 이의 걸음으로
파도 밭을 날아 오른
날치 떼의 소리 같은
어수선한 심장으로

목이 타서 배어 물은
푸른 오이 향기같은
입 안 가득 사랑향기
심장 가득 격한 전율
감은 두 눈 빛이 날고
중심 잃는 달팽이관

진달래를 뒤로한 채
사정없이 빨개지는
남사스런 내 얼굴을
훔쳐보는 천하천강
그날 밤은 오매불망
애태운 맘 이뤄진 밤

※오매불망 - 자나 깨나 잊지 못함

※남사스런 - 남에게 비웃음과 놀림을 받을 것 같은
※천하천강 - 천하 - 은하수
          - 천강 - 은하수

- 時調

내어찌 다가서는 꽃망울 꺾으리오
보기도 안타까운 하늘의 소식이니
숨결도 크게못하며 조심해서 보노라

**
촛불이 어두움을 물리쳐 밝게하나
시간이 흐를수록 녹아져 사라지니
영원을 꿈꾸어찾는 내사랑은 아니리

누가

내가 보내지 않았소
떠나는 당신
들킬까 살짝
손 한 번 흔들었소

무어라 말도 않고
표로롱 가는 당신
헐벗은 나 때문인가
품어주지 못하는
내가 이토록 미운 적이 없었소

다정했던 우리를
누가 이리 만든 것인지
겨울가면 봄이 오건만
표로롱 떠나는 당신

봄맞이

묵은 것을 치우고
널린 것을 치우고
좋고 좋은 것을 맞이한다

시린 손발 호호 불며
지낸지 엊그제인데
다 치우고 보니
새색시 신랑에게 안기 듯
따스한 너 안기는 구나

따스한 너를 안고도
호호 불던 시절 떠오름은
누구는 미련이라
누구는 추억이라
수근대는 봄

너희를 증오한다

나의 사랑을
사랑이라 하지 마라
가슴에 불 지르진 뜨거움을
고작 두자
사랑으로 줄이지 마라

하늘을 종이 삼아
별처럼 많은 글월을
쓴다 하여도
이 속을 어찌 다 보이랴

차라리 오살을 하여라
길고 긴 비명의 처절함이
불 지르진 가슴과 같으리

살점을 별들의 개수만큼
조각내 새긴다 해도
이 마음을 어찌 다 알리랴

원수 같은 말이여 글이여
고작 사랑

두 글자 만들어 논
너희를 오늘 증오한다

※오살 :죄인의 머리를 찍어 죽인 다음 팔 다리를 베는 방법

- 時調

오추마 갈기같은 당신의 모습보고
그누가 늙었다고 놀리며 가겠는가
한달음 뛰어보면은 천리길도 잠시리

봄볕에 녹이니는 인마음 속에있고
들판에 피어나는 들꽃에 피어나니
사랑은 어느곳이나 보려하면 있더라

벚꽃

사월은 봄을 농염히 익게 합니다
누구라도 걷고 싶게
누구라도 길게
아주 오래도록
키스 하고픈 맘을 갖게 합니다

알맞은 바람과 함께
세상을 온통 하얗게 젖게 합니다
벚꽃 날리는 날
동화처럼
하이얀 꽃잎이 눈처럼 내려옵니다
이런 날 어떻게 혼자 걷겠어요

한 손에 커피를 들고
한 손은 당신의 팔과 함께
저는 지금 무방비 상태에요
커피를 들고 있고 눈은 꽃잎에
취해 있어요

키스해 주세요
오늘을 영영 잊을 수 없게

사랑을 가두다

 당신을 볼 때마다 눈물이 흐릅니다. 너무나 보고 싶었기에. 눈에 넣어도 안 아프단 말은 부모가 자식에게만 하는 줄 알았습니다. 아니더군요. 당신을 내 눈에 가둘 것입니다. 내 눈의 맑디맑은 수정체를 지나 망막에 가두어 쇠창살을 내릴 것입니다. 나 장님이 되어 당신이 떠나지 못하게 가둘 것입니다. 당신만이 내 눈을 채우고 점령합니다.

결혼

서로의 낯을 모르고 흘러 온 시간
수많은 사람이 촘촘히 스쳐
마침내 보게 된 그대 얼굴

사랑하는 이여
잠시의 틈과 찰나의 순간마저
당신을 향하오니
모조리 가져가구려

우리 만난 자리 칼날 위라도
즐거이 춤을 추고
깡충 뛰어 즐겁겠죠
이제야 비로소 그대와 하나 되어
신이 부르는 그날까지
신세계를 걷습니다

옛사랑

달콤 쌉싸름 다가와
입안 가득 저리도록 쓴맛을
남겨준 당신

때로는 계피 향 가득
코끝에 머물러 꿈에서도
보이던 그대였죠

이제는 세월 지나
활화산 같던 사랑
가슴 떠나 잠들고
묽은 아메리카노
그 시절 흔적만 녹아
혀끝에 맴돕니다

제5부

오추마처럼 휘날리며

잠도 오지 않는 밤에

달디 단 라일락 향기
잠도 오지 않는 늦은 밤
밤비에 더욱 진해져 간다

어디서 무얼하고 있을련지
내 생각 잠시라도 하실란지
라일락 기억은 하실련지

그대 없는 야심한 밤
라일락 향만
머물 곳 몰라 해매고 있다

베토벤 심포니

어찌 지고지순한 사랑만이
사랑이런가
첫눈에 반하여 순간에
화살이 꽂히어도
사랑이 아니던가

이 밤
내 노래 들으시오
찰나의 사랑이라
순결한 마음 비웃지 말구려

수십 년의 사랑 모아
오늘 이 밤
모조리 터뜨리이다

화살에 꽂힌 심장을
가져가는 여인이여
수많은 날늘은 그늘에게 주오
오직 이 밤을 가져가시오

별빛 찾는 밤

태양도 잠든
별빛도 힘을 잃은 밤

눈앞을 가로막은 불야성
더 이상
별과의 조우는 어렵다

어둡지 않은 밤
별이 있을 이유가 없음인가
우리의 죄가 커짐인가
보려 않으니 보이지 않음인가

밝아서 보이지 않는
너의 노래 너의 시
너의 자화상들도
태고의 전설이 되려는가
새벽 별 계명성만이
너의 존재를 알리어 온다.

유년 기행

실개천 따라돌아
고향 길 떠오른다
졸졸졸 소리내며
호박돌 휘감아 돌고
버들치 모래묻이 유유히 모여 놀던
친구들 해질녘 느즈막히 뛰어 다닌
먼지 폴폴 비포장 길

한 낮엔 햇볕에 빛이 나고
저녁엔 노을에 물들던 얼굴들
감자 두 알로 배를 채우고
또 다시 모여 놀던 아스라한 동무들

노을에 물 들으려 심심히 걷는 길에
작은 돌멩이 툭 채여
돌돌돌 굴러 실개천에 퐁당
박새 하나 총총히 날아 간다

귓가에 전하는 천진한 친구들
노랫소리 웃음소리
밭에는 황량한 허리 굽은 아저씨
슬며시 웃음지신다

석별

머물지 못하는가
꽃도 나무도 터질듯한 햇볕으로도
이걸로도 저걸로도
붙잡지 못하오

간다
그렇게 간다

올 때의 그 살랑거리는
부드러움은 어데 가고
그렇게 속절없이 가거늘

나 떠나거든 울지 마시오
봄날 흩날리는
목련화 같은 거
그대 울지 마시오

나 죽거든 울지 마시오
콧노래 부르며
덩실 더덩실
어깨춤 나풀거리며

떠나가는 나를 향해
절대 울지 마시오

떠나는 날
다시 볼 운명이기에
울음을 잠시
가슴에 저당 잡히시구려

- 時調

강철로 줄만들어 태양을 묶으리라
어둠이 다가오는 시간아 저리가라
밤이되 달떠오르면 그리운맘 어쩌랴

이유

한 잔을 마시어
목을 축이고
두 잔을 마시어
배를 달래고
석 잔을 마시어
예를 차리지만

내 헤진 마음은
몇 잔째에 달래지나

마시고 또 마시어도
채워지지 않는 것은
그대 그리움이
모조리 불사르기 때문이오

타버린 가슴에
까맣게 구멍이 뚫려
모조리 새기 때문이오

뻥이요

동네 공터 해는 중천
바쁜 거 하나 없이
검붉은 아저씨
꿈자루 챙기어 놓는다

온 동네 꼬맹이들
엄마치맛자락 붙잡고
쌀 한 되 떡 조금 말린 옥수수
손에 손에 피어날 꿈 들고 있다

뻥이요 대포소리 앞세우고
이불 홑청 꿰매듯
온 동네 잇는
솜 같고 눈 같은 튀밥

이제는 더 이상
보석 같은 꿈들이
가득한 세상에선
찾지 않는 웃음꽃

하하 호호 하하 호호

그 시절 웃음 담긴 하얀 꿈
막히는 도로에서 지친 듯
먼 산 바라본다

※튀밥 : 뻥튀기의 전라도 사투리

- 時調

깊은밤 여우별이 살짜기 보이나니
이몸을 기다리는 그대의 마음이오
부끄러 전하지못해 별이됐나 보구려

달빛에 홍홍하하 웃음이 날리오니
더하고 말고없는 한가위 달놀이네
말하지 못하는이도 노랫가락 터지리

귀애

꽃이라 따라오지 못한
꽃이라 불리어 드러내지 못한
당신의 열렬한 열망
험한 길 안타까워 말하지 못하고
궂은 일 보일까 멀리에 있는
대장부 가슴 속 열정

칠팔 월의 땡볕이 머리로 흘러
주저앉아
담배 하나 빼어 물을 때
당신 생각 옹달샘 되고
담배 연기 추억되어
눈가에 비치는 이슬
입가에 떠오른 미소

당신 꿈을 지키는 매일 밤
두고 온 내 향기 내 그림자를
그대는 보듬어 안고 있었죠
하릴없이 나를 보는 당신 꿈 속
이제 돌아갑니다
내 숨 같은 여인이여

홀로 걷는 길

봄 여름 가을 그리고 겨울
노래를 해도
슬피 울어도
도도하게 내딛는 너의 길

너의 모습을
순리라 하고 이치라 해도
내가 원한 적이 있던가

휘날리는 벚꽃 마냥
퍼붓는 소나기처럼
길 잃은 낙엽같이
어지러운 내 행적

흙 한 톨마저 얼어붙은 동토에서
나만은 얼리지 못해
내 안에 숨 쉬는 지향
어찌할 수 없는 너
네가 어찌할 수 없는 나
나 홀로 걷는다

어둠을 떠나다

하얀 차 밑에 고양이
햇볕 좋은 따스한 날
양달을 피해
그늘에 기대어 눕다

어둠을 어슬렁거리며
응달에 붙어
두 눈을 반짝이는 모습
지난 시절 내 모습인가

나비야 이리 나오렴
빛나는 햇빛 아래
늘어지게 기지개 키고
빠른 발을 자랑한다

오늘도 길냥이는
불어오는 바람 타고
바람보다 더 빠르게
그렇게 사라져간다

좋은 소리

계곡의 물소리 바람 소리
산새마저 유람하던
강산풍월(江山風月) 노래하고
어둔 밤 빛이 올라
절경을 흐르는 은하수 소리

지친 몸 위로하는 여름 밤
별들의 아우성 타고
달빛 하나 스며든다

명월(明月)에 드러나는 반짝이는 나신(裸身)
여인의 사그락 옷 벗는 소리
열대야(熱帶夜) 천지(天地)에 생기 넣는
한 여름밤 천하제일성(天下第一聲)

귀로(歸路)

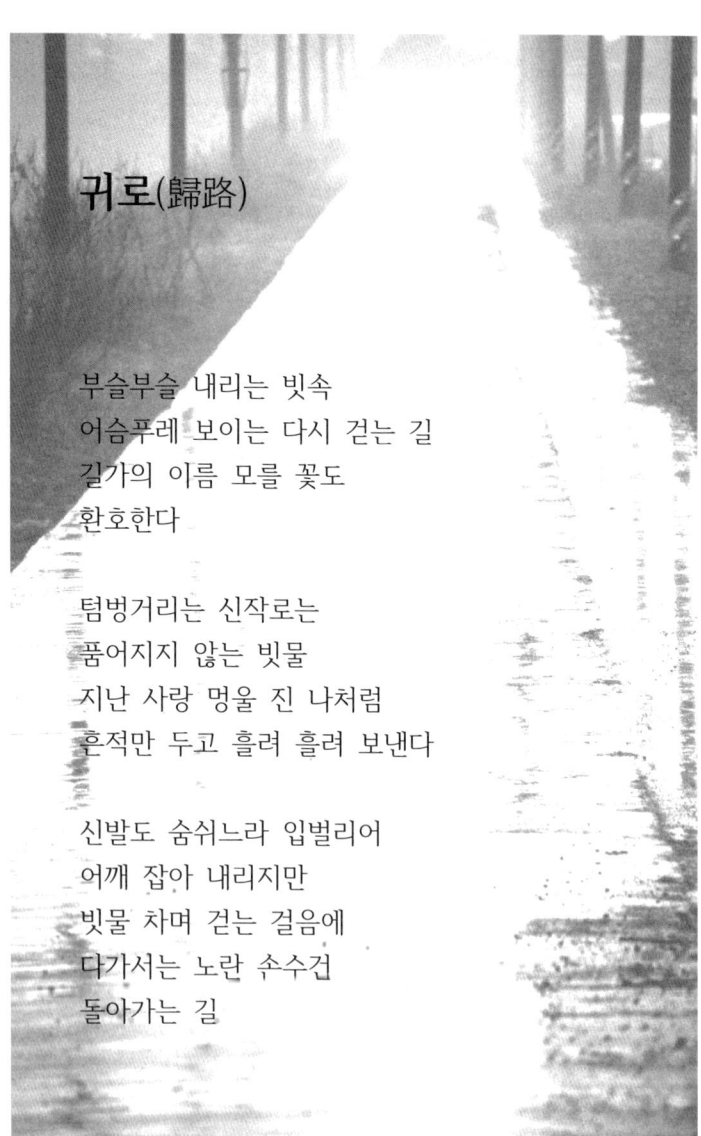

부슬부슬 내리는 빗속
어슴푸레 보이는 다시 걷는 길
길가의 이름 모를 꽃도
환호한다

텀벙거리는 신작로는
품어지지 않는 빗물
지난 사랑 멍울 진 나처럼
흔적만 두고 흘려 흘려 보낸다

신발도 숨쉬느라 입벌리어
어깨 잡아 내리지만
빗물 차며 걷는 걸음에
다가서는 노란 손수건
돌아가는 길

송하(送夏)

발은 움직이고
마음은 남는 것
들풀에 이름 모를 꽃에
너를 묻히고 남긴다

너 변하여
내 곁을 떠나가도
영글은 너의 모습 탐스러워도
아직 푸르렀던 모습만
내 눈에 마음에
파고들어 앉는다

끝내 떠나는 너의 모습
달빛에 남기어진 내 모습

눈이 죽다

죽음을 끼어안고
백설은 투명하게 떠나
알록달록 솟아나는
꽃잎의 아우성 속에
백설의 비명은 숨죽여 사라졌다

온 세상
눈이 멀 빛 속으로
사방으로 찬란한 모습
이제는 찾을 길 없어
세월에 맡기운다

피어오르는 꿈처럼
만개한 꽃이여
너는 기억하라
찬란한 백설의 죽음이
너 먼저 있었음을

이제 그만(자살하는 모든 이에게)

마알간 두 눈에 스치우는
꿈 잠시 보다
갈 수 없는 꿈
무엇을 해도 다다르지 못할 꿈

차라리 갈매기라면
아니 나비만 되어도 좋으리
드러내지 못하는 마음
옥상에 오른다

창공과 가장 가까운 곳
날갯짓 할 수 있는
유일한 길 위에
바람처럼 내 의지로 날고 있다
한 움큼의 자유를 쥐고
'쿵!'

주여
멈추게 하소서
이제 그만 멈추게 하소서

기다립니다

  나무는 알고 있습니다. 간지럼 태우며 피어나던 잎망울 꽃망울 한여름 햇볕을 먹고 풍기던 푸른 향기. 이 모든 걸 안고 있던 열매들. 이들이 떠나던 시간 그리고 추운 적막. 나무는 울지 않고 다만 곧 다가올 시간을 몸속에 새겨 넣으며 기다립니다. 멀지 않음을 알고 있는 겝니다.

모든 것 끝난 뒤

모든 것 끝난 뒤 훨훨 날아가리라
이곳에 티끌조차 남기지 않고 날아가리라
내가 꿈꾸던 곳 나 처음 있던 곳
만개화 능수버들 늘어져 숨 쉬던 곳
물소리 바람 소리 모두가 깨어 있는
햇볕마저 말을 건네던 그곳으로 가리

겨드랑이에서 발뒤꿈치까지 자라난
날개를 달고 나 날아가리라
홀로 외로워도 떠나지 않을
당신을 보며
나 떠나가리

귀향

주적거리며 내리는 비
손 뻗어 맞아보니
이미 찬기 없다

떠난다 말도 없이
동백꽃 따라 흘러 온
어언 만리

봄 실어 내리는 비
그대 눈에 이슬인데
동구 밖 서성일 당신

기지개 켜는 대지 위에
그리움이 하늘하늘
화관하나 손에 쥐고

반백의 머리칼
오추마처럼 휘날리며 달려간다

※오추마 : 1. 검은 털에 흰 털이 섞인 말
　　　　　2. 옛날 중국의 항우가 탔다는 준마

겨레의 원

준령들 이어져서 배달의 척추되고
지축을 뒤흔들며 신나게 달려보니
호랭이 포효하듯이 통일이라 외치리

배달의 푸르름이 어두워 보여지나
밤가면 아침오듯 일거에 걷혀지고
겨레의 아들딸들이 부여잡고 가노라

이해의 시비넘어 열강들 뿌리치니
배달의 한이풀려 하나가 되어지고
겨레가 함께일어서 아리랑이 흐르리

형제삼시가(兄弟 三時歌)

홰치며 일어나는 여명을 바라보니
설깨인 잠결에서 분연히 일어나고
지난밤 꾸었던꿈은 악몽인가 하노라

삼복의 더위에도 땀흘려 개간하니
박토의 땅이라도 옥토로 보답하네
형제가 여족여수如足如手니 무엇인들 못하리

피곤에 지친몸을 농주로 다스리고
펼쳐진 청사진을 후대에 전하오니
형제의 눈망울속에 별빛담겨 빛나네

      * 여족여수 : 친밀한 형제의 우애를 일컬음

염원의 반송(盤松)

배달의 염원실어 대한인 모였나니
한그루 나무에게 소망의 피나누오
뿌리와 가지끝에도 열망모아 자라리

거치른 바람에도 꺽이지 아니하고
매몰찬 추위에도 시들지 않으리니
염원이 너를붙들어 생육하게 함이라

햇볕도 적당하고 토양도 비옥하니
자라나 팔벌리어 그늘에 쉬게하고
꿈나무 배달을엮어 전설되어 지키리

두 빌리넬의 38선
 - 정전협정 60주년을 맞이하며

어린아이가 문지방을 넘듯
삐걱거리는 마루
여름에 서리 내린 듯 을씨년스러운 한옥마을

단청은 수 많은 조각으로 붉게 연이어지고
겨울처럼 황갈색에 잠겨가는 쓸쓸함은
재를 털듯 풍경만 흔든다

대검에 모습 살피는 늙은 병사처럼
황량한 바람 스치는 지붕은
휘어진 채 윙윙 울고

오랜 역사를 간직한
태곳적부터 해변이었을 표선해변 같은
고택이 이야기하는 세월

한국전쟁 60주닌을 맞아 이루어진 AOK(Action of one korea)통일염원 행사에 싱가폴 시인 Desmond Kon 님이 이탈리아 정형시의 형식을 빌어 헌정한 시를 조수형 시인이 우리말로 개작하여 헌정한 시이다
원작과 개작한 시는 호주 한국전쟁 기념관, 미국 아칸소주 한국전쟁 기념관에 교육자료로 등재되었다. 유튜브로도 만나볼 수 있다.

이제는 모든 것 기념비 되어
가족의 서정과 지난 기억을
녹슨 핏빛으로 알리고 있을 뿐

장검의 칼날 따라 시와 노래 흐르고
절규 담은 메아리로 울리는 답가
상징물이 되어버린 아픔은
빈 역사책에 무엇을 적을지 묻고 있다

The 38thparallelintwovillanelles
by Desmond Kon Zhicheng-Mingdé

   as if summer brought in the frost, this hanok village now left cold,
   its pine a bold teak, its floors burnished with a kinder soybean oil
   as if a child stepped across the threshold, a line, its wood creaking

   as if the Shilla artisan embossed red on a temple bell, its carvings
   an ornate embroidery, its shape like an upturned urn, ashes gone
   as if this winter were dipped in a deep russet, more lacquer as paint

   as if the domoksu dropped a straw rope from the farthest pillars,
   to rebuild the hanok, its roof a softer arc, a curvature like the hill,
   as if a soldier bent the bayonet blade, to look into his eyes, glassy

   as if an eternal lagoon rested in Pyoseon Beach, the low tide awash

and out, the ocean of secrets swallowing more history and fiction
as if this fall would be a quieter autumn, austere as Sonjuk Bridge

as if the slabs cut no corners, their stone an old clay now monument,
the kiln's fire at once gilded, bloodied and celadon, like a ceramic pot
as if a family reached into it, drew threads of story and sentiment

as if a poem or song were lilted or lit, along the hilt of a long sword
and asked for a poem or song in return, like an echo the pain of loss
as if the seasons ended in spring, and the trees turned into emblems,
as if a historian brought a book to you, and opened its blank pages

풍경은 거울이다 조수형 제1시집
21세기를 살아가는 사랑과 믿음의 시편

초판인쇄 / 2014년 01월 10일
초판발행 / 2014년 01월 24일

글쓴이 / 조수형
펴낸이 / 박인과
펴낸곳 / 도서출판 韓國文壇

등록번호 / 제 320-2006-70 호
주소 : 서울시 관악구 복은 6길 64, 창조문학신문사
전화 : 0502-008-0101, 070-4010-2361
전자우편 : born59@hanmail.net